AF199977

Impressum
Verlag: BABADADA GmbH, Nedderfeld 112 , 22529 Hamburg
Geschäftsführer / Verlagsleitung: Harald Hof
Druck: Books on Demand GmbH, In de Tarpen 42, 22848 Norderstedt

Imprint
Publisher: BABADADA GmbH, Nedderfeld 112 , 22529 Hamburg, Germany
Managing Director / Publishing direction: Harald Hof
Print: Books on Demand GmbH, In de Tarpen 42, 22848 Norderstedt

school
shkolla

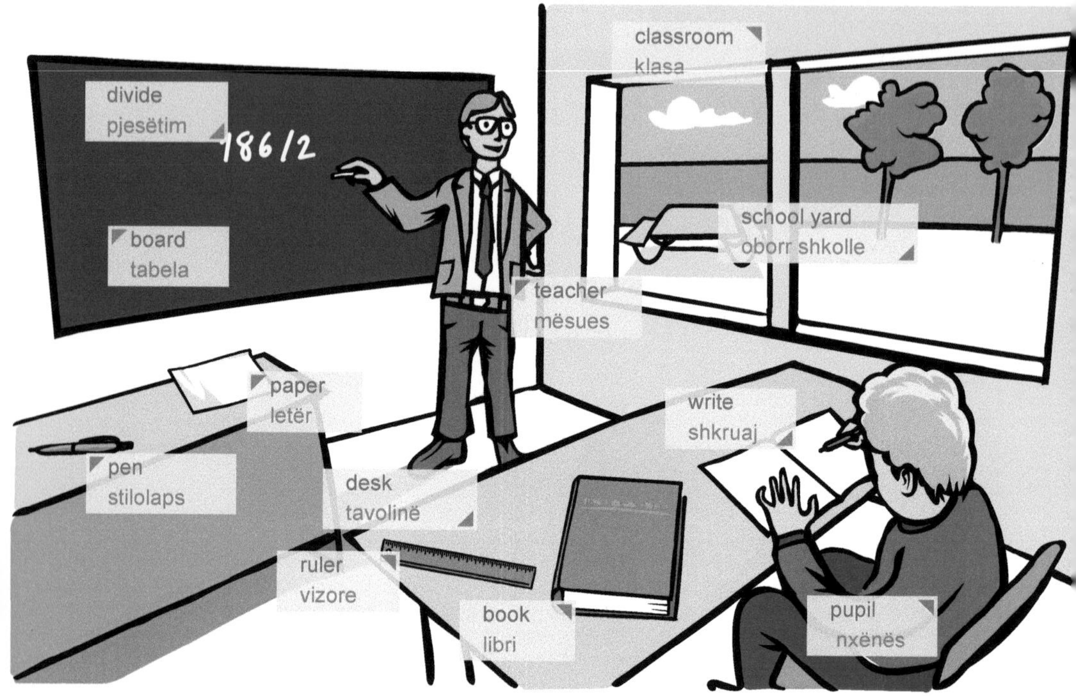

classroom
klasa
divide
pjesëtim
186/2
board
tabela
school yard
oborr shkolle
teacher
mësues
paper
letër
write
shkruaj
pen
stilolaps
desk
tavolinë
ruler
vizore
book
libri
pupil
nxënës

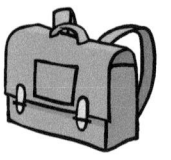

satchel

çantë

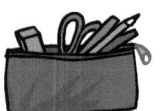

pencil case

mbajtëse lapsash

pencil

laps

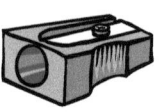

pencil sharpener

mprehës lapsash

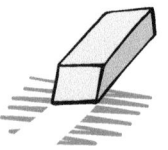

rubber

gomë

drawing pad

fletore vizatimi

drawing

vizatim

paintbrush

penel

paint box

kuti bojërash

scissors

gërshërë

glue

ngjitës

exercise book

fletore detyrash

homework

detyrë shtëpie

number

numër

add

mbledh

subtract

zbres

multiply

shumëzoj

calculate

llogaris

letter

gërmë

alphabet

alfabeti

word

fjalë

text
tekst

read
lexoj

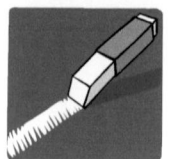

chalk
shkumës

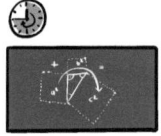

lesson
mësim

register
regjistër

exam
provim

certificate
çertifikatë

school uniform
uniformë shkolle

education
arsimim

encyclopedia
enciklopedia

university
universitet

microscope
mikroskop

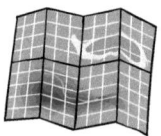

map
hartë

waste-paper basket
kosh letrash

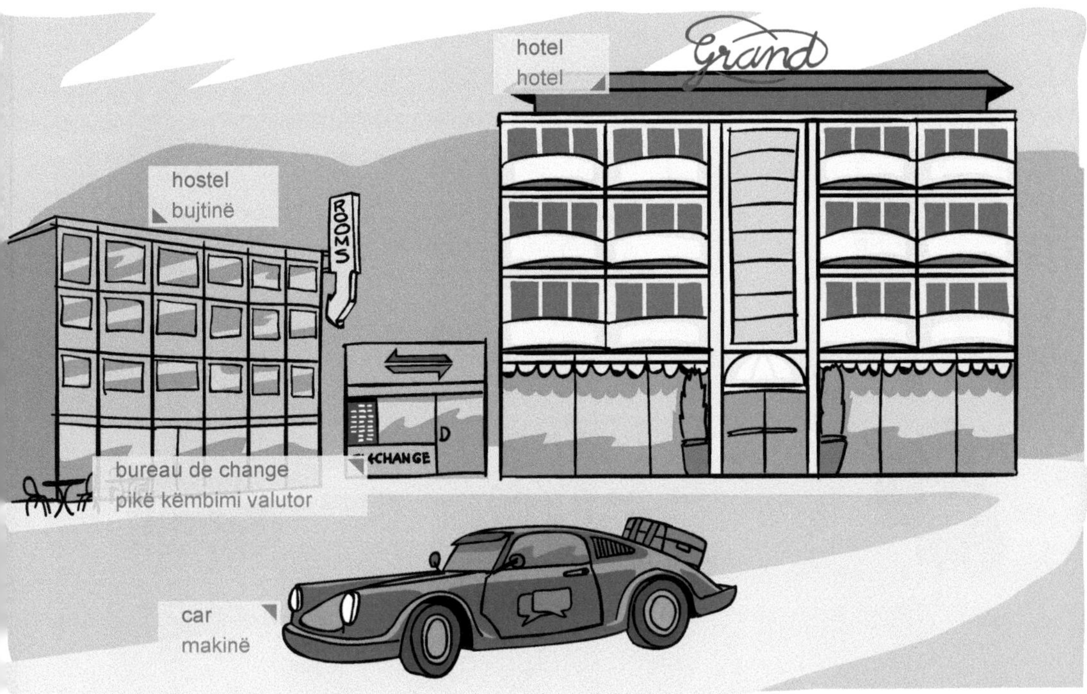

hotel
hotel
Grand
hostel
bujtinë
ROOMS
CHANGE
bureau de change
pikë këmbimi valutor
car
makinë

language
gjuhë

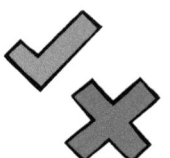

yes / no
po / jo

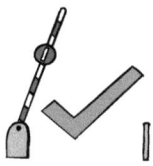

Okay
Në rregull

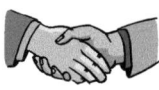

hello
ç'kemi

translator
përkthyes

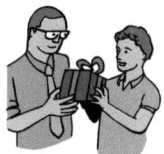

Thank you
Faleminderit

how much is...?

sa kushton...?

I do not understand

nuk e kuptoj

problem

problem

Good evening!

Mirëmbrëma!

Good morning!

Mirëmëngjes!

Good night!

Natën e mirë!

bye bye

mirupafshim

direction

drejtim

luggage

bagazhet

bag

çantë

backpack

çantë shpine

guest

mysafir

room

dhomë

sleeping bag

thes gjumi

tent

tendë

travel - udhëtim

tourist information

informacion për turistët

beach

plazh

credit card

kartë krediti

breakfast

mëngjes

lunch

drekë

dinner

darkë

ticket

Biletë

lift

ashensor

stamp

pulla

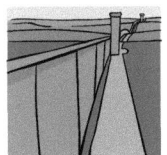

border

kufi

customs

doganë

embassy

ambasadë

visa

vizë

passport

pasaportë

travel - udhëtim

transport
transport

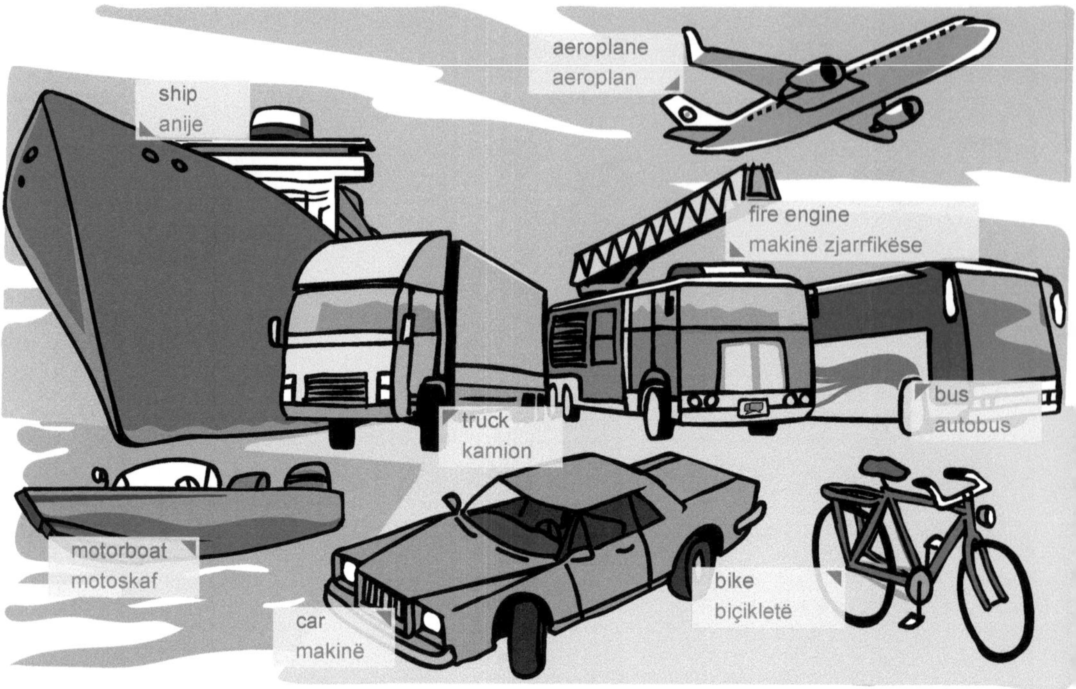
aeroplane
aeroplan
ship
anije
fire engine
makinë zjarrfikëse
bus
autobus
truck
kamion
motorboat
motoskaf
bike
biçikletë
car
makinë

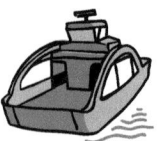

ferry

traget

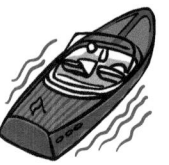

boat

varkë

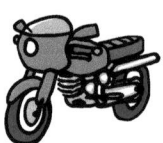

motorbike

motoçikletë

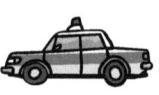

police car

makinë policie

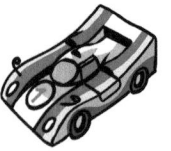

racing car

makinë garash

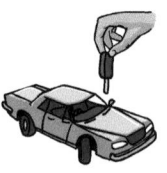

rental car

makinë me qira

car sharing

ndarje e qirasë së makinës

breakdown truck

karroatrec

refuse truck

makinë plehrash

motor

motor

fuel

benzinë

petrol station

pikë karburanti

traffic sign

sinjalistikë trafiku

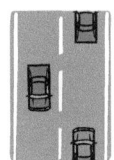

traffic

trafik

traffic jam

bllokim trafiku

car park

parkim makinash

train station

stacion treni

tracks

trase

train

tren

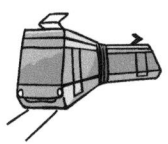

tram

tramvaj

carriage

karro

helicopter

helikopter

airport

aeroport

tower

kullë

passenger

pasagjer

container

kontenier

carton

kuti kartoni

cart

qerre

basket

shportë

take off / land

ngrihem / ulem

city

qytet

village

fshat

city centre

qendra e qytetit

house

shtëpi

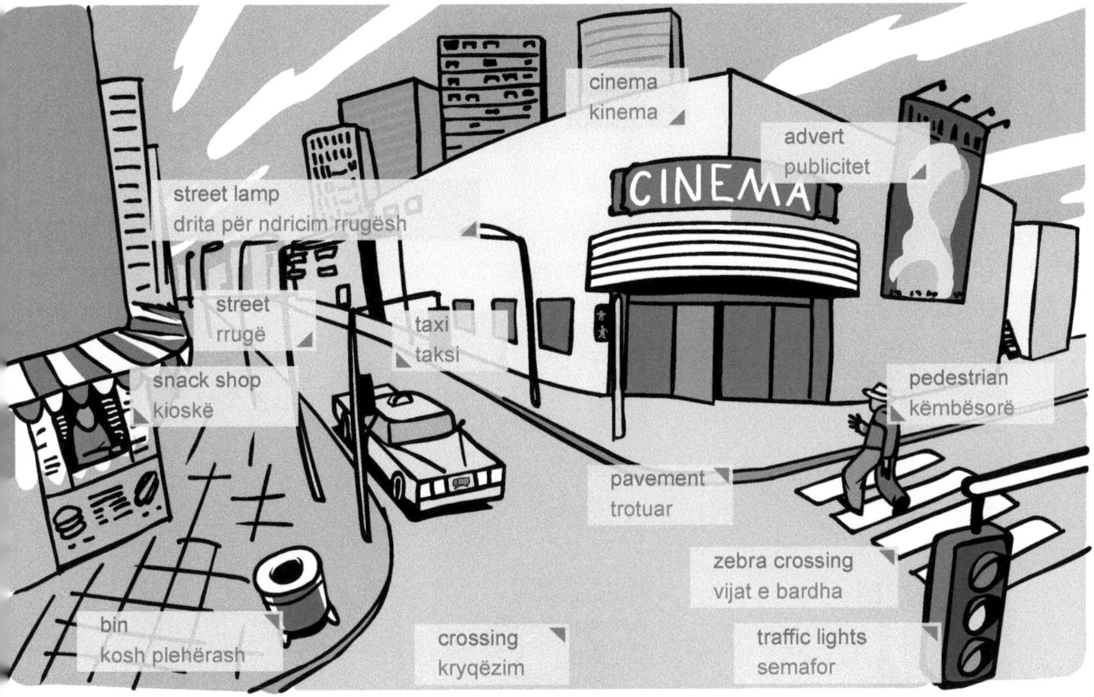

cinema
kinema

advert
publicitet

street lamp
drita për ndricim rrugësh

street
rrugë

taxi
taksi

snack shop
kioskë

pedestrian
këmbësorë

pavement
trotuar

zebra crossing
vijat e bardha

bin
kosh plehërash

crossing
kryqëzim

traffic lights
semafor

hut
....
kasolle

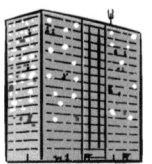

flat
....
apartament

train station
....
stacion treni

town hall
....
bashki

museum
....
muze

school
....
shkolla

university

universitet

bank

bankë

hospital

spital

hotel

hotel

pharmacy

farmaci

office

zyrë

book shop

librari

shop

dyqan

florist's

dyqan lulesh

supermarket

supermarket

market

market

department store

mapo

fishmonger's

dyqan peshku

shopping centre

qëndër tregtare

harbour

port

park

park

bench

stol

bridge

urë

stairs

shkallë

underground

metro

tunnel

tunel

bus stop

stacion autobuzi

bar

bar

restaurant

restorant

postbox

kuti postare

street sign

sinjalistikë rrugore

parking meter

kohëmatës parkimi

zoo

kopsht zoologjik

swimming pool

pishinë

mosque

xhami

city - qytet

farm

fermë

pollution

ndotje

graveyard

varrezë

church

kishë

playground

shesh lojërash

temple

tempull

landscape

peisazh

signpost
tabela orientuese

way
rrugë

meadow
livadh

stone
gurë

hiker
ekskursionist

tree
pemë

river
lumë

grass
bar

flower
lule

valley

luginë

hill

kodër

lake

liqen

forest

pyll

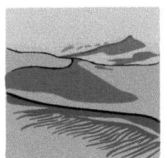

desert

shkretëtirë

volcano

vullkan

castle

kështjellë

rainbow

ylber

mushroom

kepudhë

palm tree

palmë

mosquito

mushkonjë

fly

mizë

ant

milingonë

bee

bletë

spider

merimangë

beetle

brumbull

frog

bretkosë

squirrel

ketër

hedgehog

iriq

hare

lepur

owl

buf

bird

zog

swan

mjellmë

boar

derr i egër

deer

dre

moose

dre brilopatë

dam

digë

wind turbine

turbinë ere

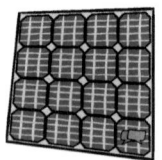

solar panel

panel diellor

climate

klimë

restaurant

restorant

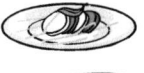

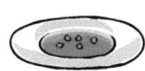

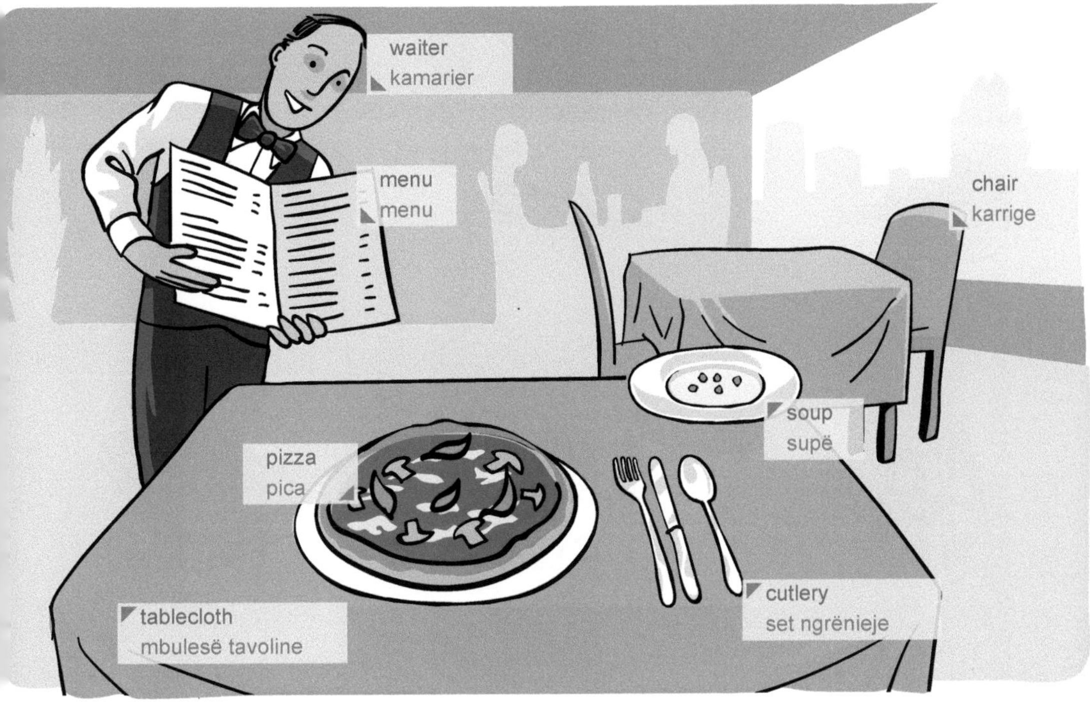

waiter
kamarier
menu
menu
chair
karrige
soup
supë
pizza
pica
tablecloth
mbulesë tavoline
cutlery
set ngrënieje

starter
pjatë e parë

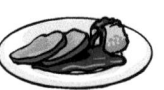

main course
pjatë kryesore

dessert
ëmbëlsirë

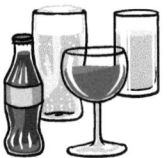

drinks
pije

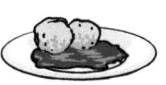

food
ushqim

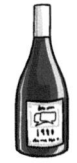

bottle
shishe

fast food

ushqim i shpejtë

street food

ushqim i shërbyer në rrugë

teapot

ibrik çaji

sugar bowl

kuti sheqeri

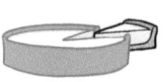

portion

racion

espresso machine

makinë kafeje ekspres

high chair

karrige e lartë

bill

faturë

tray

tabaka

knife

thika

fork

pirun

spoon

lugë

teaspoon

lugë çaji

serviette

pecetë

glass

gotë

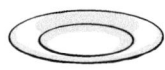

plate

pjatë

soup plate

pjatë supe

saucer

pjatë filxhani

sauce

salcë

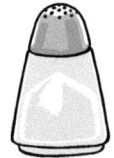

salt pot

mbajtëse kripe

pepper mill

mulli piperi

vinegar

uthull

oil

vaj

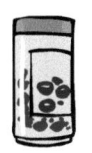

spices

erëza

ketchup

keçap

mustard

mustardë

mayonnaise

majonezë

supermarket
supermarket

special offer
ofertë speciale
FOR
customer
klient
dairy
produkte bulmeti
fruit
frut
trolley
karrocë pazari

BUTCHERS

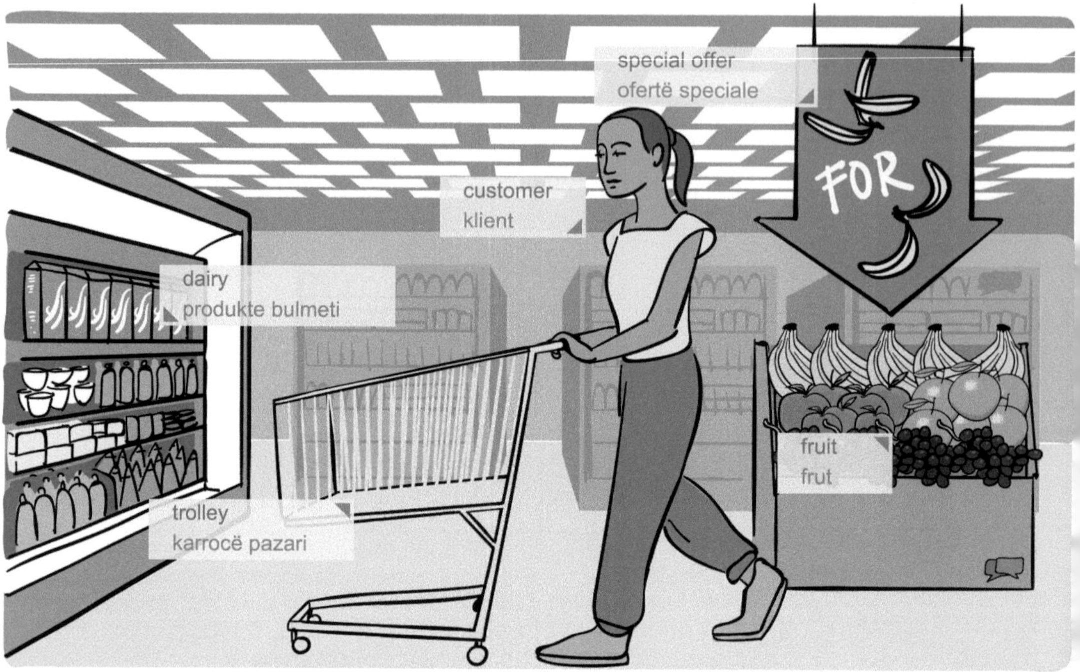

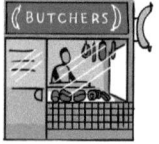

butcher´s

dyqan mishi

BAKERY

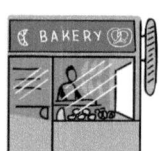

baker´s

furrë buke

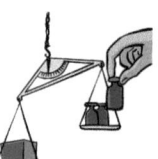

weigh

peshoj

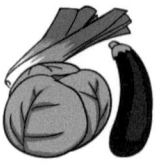

vegetables

perime

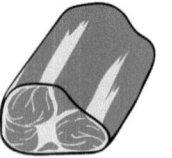

meat

mish

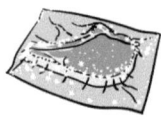

frozen food

ushqim i ngrirë

cold meat

copë

tinned food

ushqim i konservuar

washing powder

pluhur larës

sweets

ëmbëlsirat

household products

prodhime shtëpie

cleaning products

produkte pastrimi

salesperson

shitëse

till

kasë fiskale

cashier

arkëtar

shopping list

listë blerjeje

opening hours

oraret e punës

wallet

portofol

credit card

kartë krediti

bag

çantë

plastic bag

qese plastike

water

ujë

juice

lëng frutash

milk

qumësht

coke

koka-kola

wine

verë

beer

birrë

alcohol

alkool

cocoa

kakao

tea

çaj

coffee

kafe

espresso

kafe ekspres

cappuccino

kapuçino

banana

banane

apple

mollë

orange

portokalle

melon

pjepër

lemon

limon

carrot

karrotë

garlic

hudhër

bamboo

bambu

onion

qepë

mushroom

kërpudha

nuts

arra

noodles

makarona

spaghetti

spageti

rice

oriz

salad

sallatë

chips

patate të skuqura

fried potatoes

patate të skuqura

pizza

pica

hamburger

hamburger

sandwich

sanduiç

cutlet

shnicel

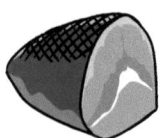

ham

proshutë

salami

sallam

sausage

salçiçe

chicken

pulë

roast

skuq

fish

peshk

porridge oats

tërshërë

muesli

drithëra

cornflakes

kornfleiks

flour

miell

croissant

kruasant

bread roll

panine

bread

bukë

toast

tost

biscuits

biskotë

butter

gjalp

curd

gjizë

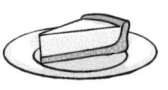

cake

tortë

egg

vezë

fried egg

vezë sy

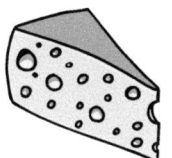

cheese

djathë

ice cream

akullore

sugar

sheqer

honey

mjaltë

jam

marmaladë

chocolate spread

çokokrem

curry

këri

farm
fermë

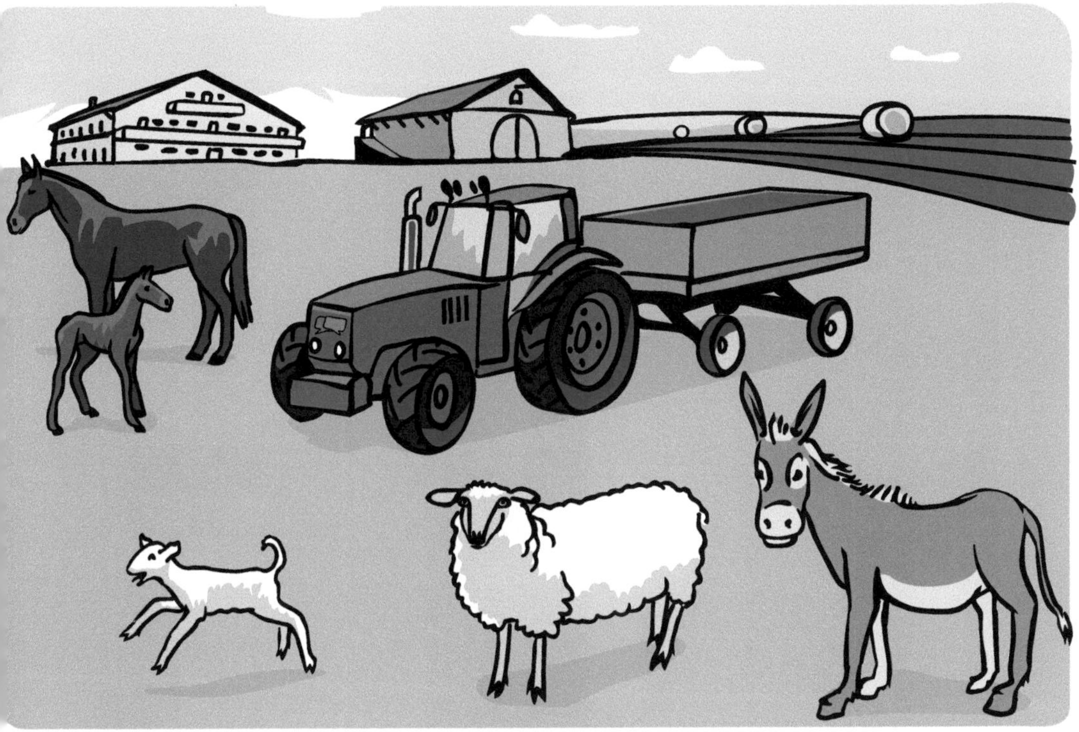

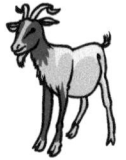

goat

dhi

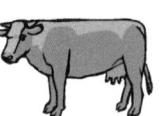

cow

lopë

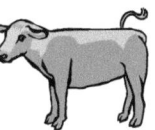

calf

viç

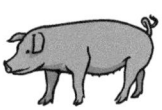

pig

derr

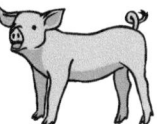

piglet

derrkuc

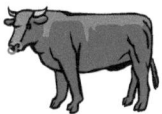

bull

dem

goose

patë

duck

rosë

chick

zog pule

hen

pulë

cock

gjel

rat

mi

cat

mace

mouse

mi

ox

buall

dog

qen

doghouse

kolibe qeni

garden hose

zorrë vaditëse

watering can

vaditëse

scythe

kosë

plough

plug

sickle

drapër

hoe

shat

pitchfork

kosa

axe

sëpatë

wheelbarrow

karrocë

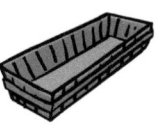

trough

govatë

milk can

bidon qumështi

sack

thes

fence

gardh

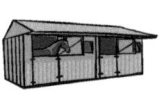

stable

ahur

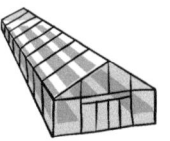

greenhouse

serë

soil

dhe

seed

farë

fertilizer

pleh

combine harvester

autokombanjë

harvest

korr

harvest

te korrat

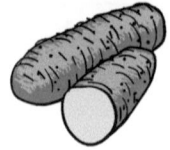

yams

patate e ëmbël "Yam"

wheat

grurë

soy

soja

potato

patate

corn

misër

rapeseed

raps

fruit tree

pemë frutore

cassava

zhardhok manioku

cereals

drithëra

house
shtëpi

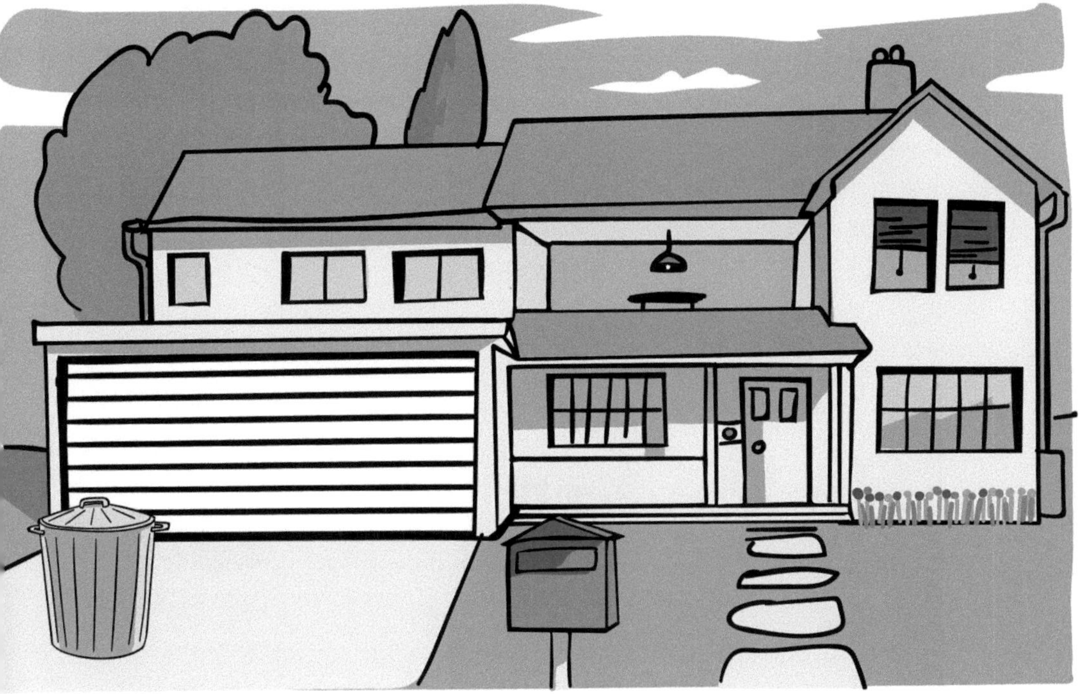

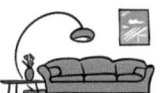

living room
dhomë ndenjeje

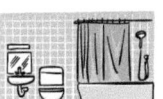

bathroom
tualet

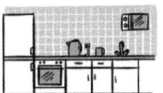

kitchen
kuzhinë

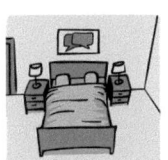

bedroom
dhomë gjumi

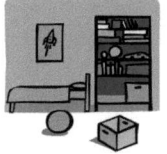

child's room
dhomë fëmijësh

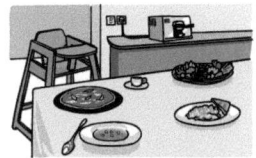

dining room
dhomë ngrënieje

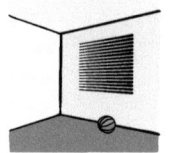

floor

dysheme

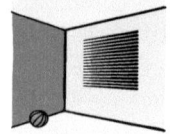

wall

mur

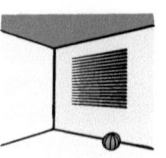

ceiling

tavan

cellar

bodrum

sauna

sauna

balcony

ballkon

terrace

tarracë

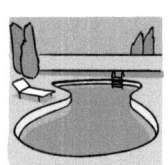

pool

pishinë

lawn mower

kositëse bari

sheet

çarçaf

bedspread

kuvertë

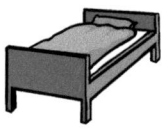

bed

krevat

broom

fshesë dore

bucket

kovë

switch

çelës

living room
dhomë ndenjeje

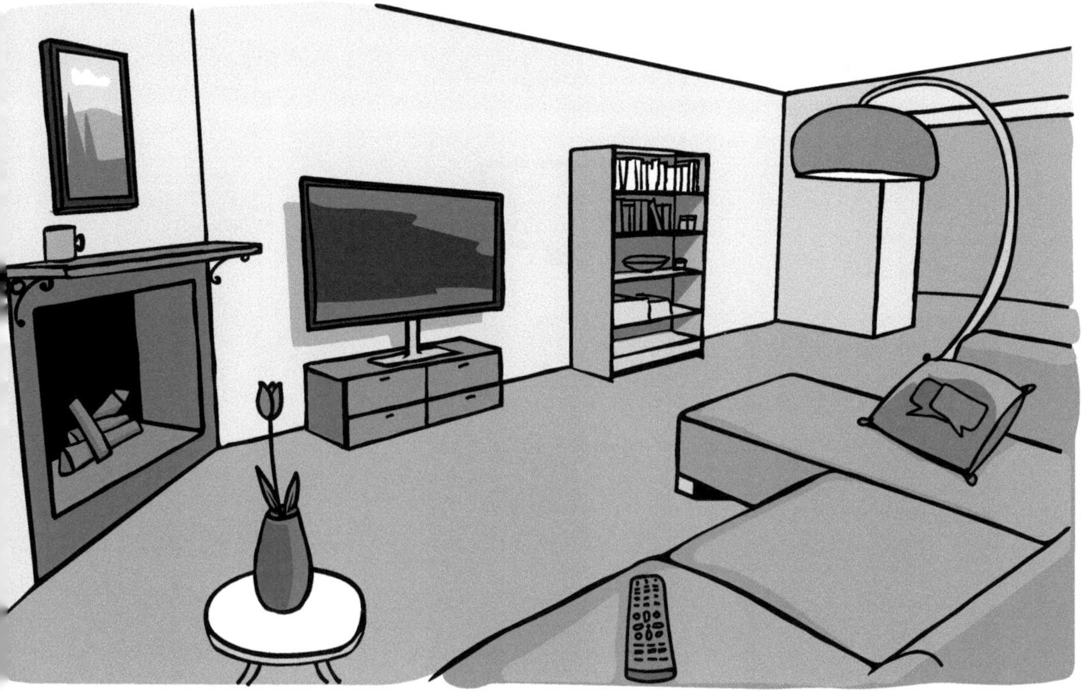

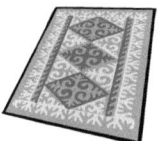

carpet

qilim

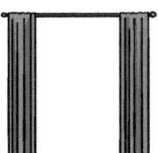

curtain

perde

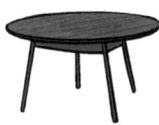

table

tavolinë

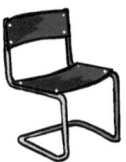

chair

karrige

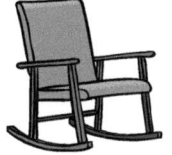

rocking chair

karrige lëkundëse

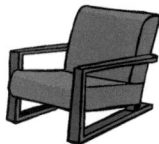

armchair

kolltuk

book

libri

blanket

batanije

decoration

zbukurime

firewood

dru zjarri

film

film

hi-fi equipment

stereo

key

çelës

newspaper

gazetë

painting

pikturë

poster

afishe

radio

radio

notepad

bllok shënimesh

hoover

fshesë me korent

cactus

kaktus

candle

qiri

kitchen
kuzhinë

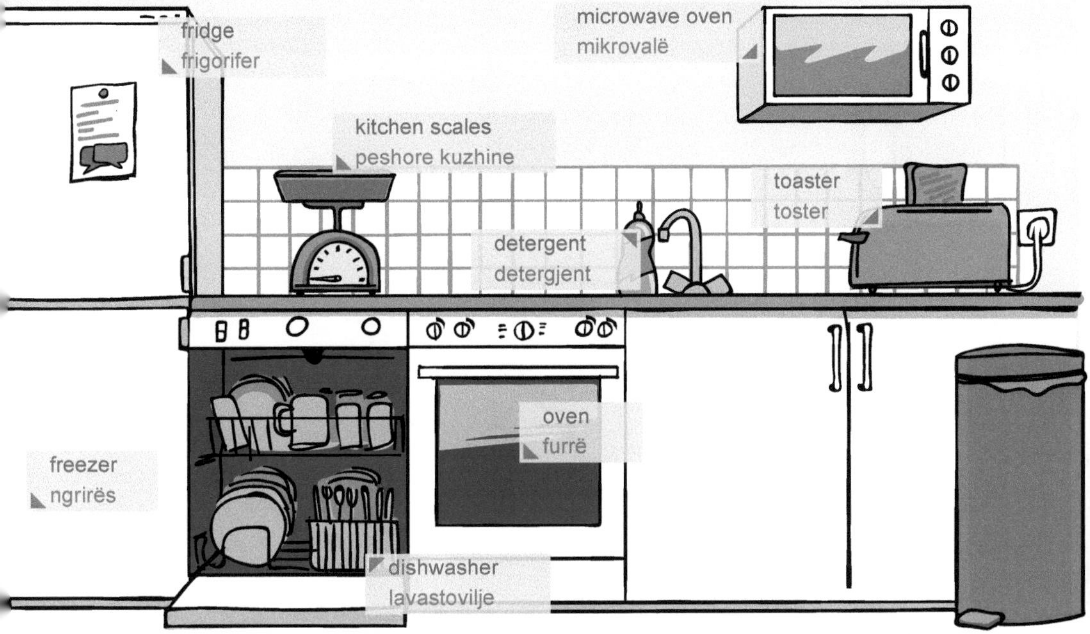

fridge
frigorifer
microwave oven
mikrovalë
kitchen scales
peshore kuzhine
toaster
toster
detergent
detergjent
oven
furrë
freezer
ngrirës
dishwasher
lavastovilje

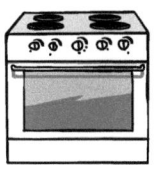

cooker
sobë

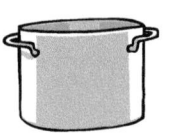

pot
tenxhere

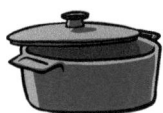

cast-iron pot
tenxhere me kapak

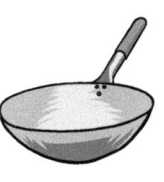

wok / kadai
tigan special (Wok)

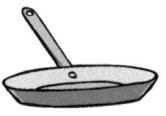

pan
tigan

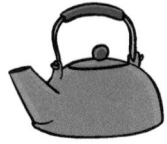

kettle
çajnik

steamer

tenxhere me avull

baking tray

tavë pjekjeje

crockery

enë

mug

filxhan

bowl

tas

chopsticks

shkopinj

ladle

garuzhde

spatula

spatul

whisk

tel kuzhine

strainer

kulluese

sieve

sitë

grater

rende

mortar

havan

barbecue

skarë

open fire

zjarr

kitchen - kuzhinë

chopping board

dërrasë për prerje

rolling pin

okllai

corkscrew

heqëse tapash

can

kanaçe

can opener

hapëse kanaçeje

pot holder

rrobë për të kapur
tenxheren

sink

lavaman

brush

furçë

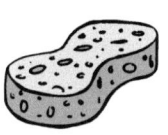

sponge

sfungjer

blender

përzjerës

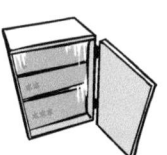

deep freezer

ngrirës

baby bottle

biberon për lëngje

tap

rubinet

bathroom
tualet

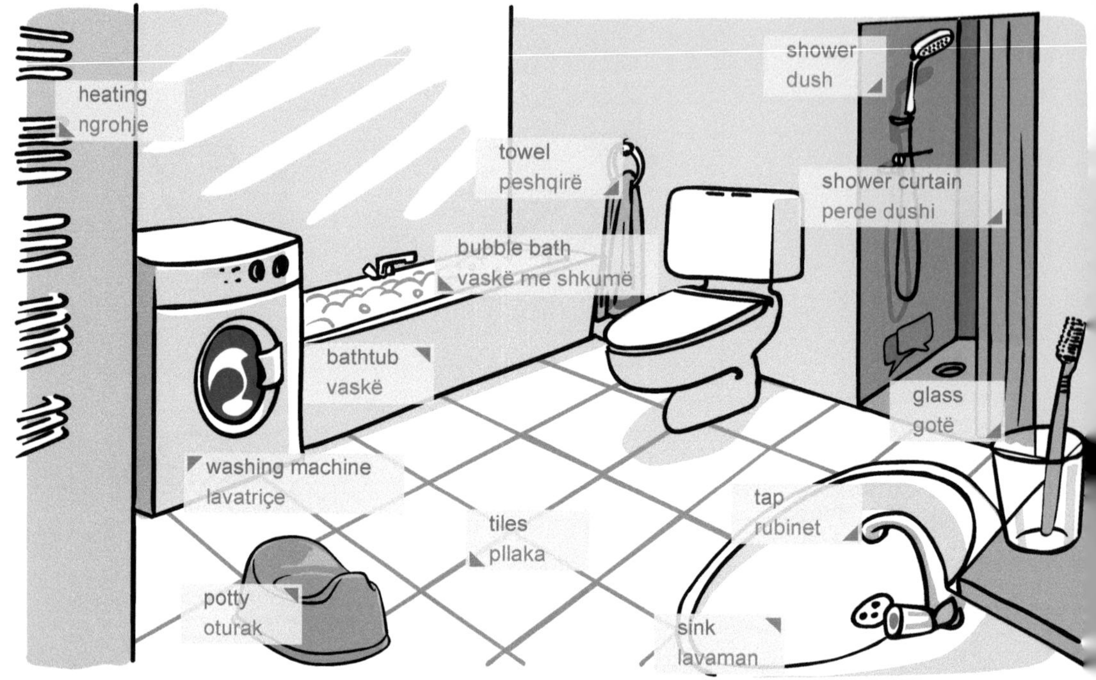
heating
ngrohje
shower
dush
towel
peshqirë
shower curtain
perde dushi
bubble bath
vaskë me shkumë
bathtub
vaskë
glass
gotë
washing machine
lavatriçe
tap
rubinet
tiles
pllaka
potty
oturak
sink
lavaman

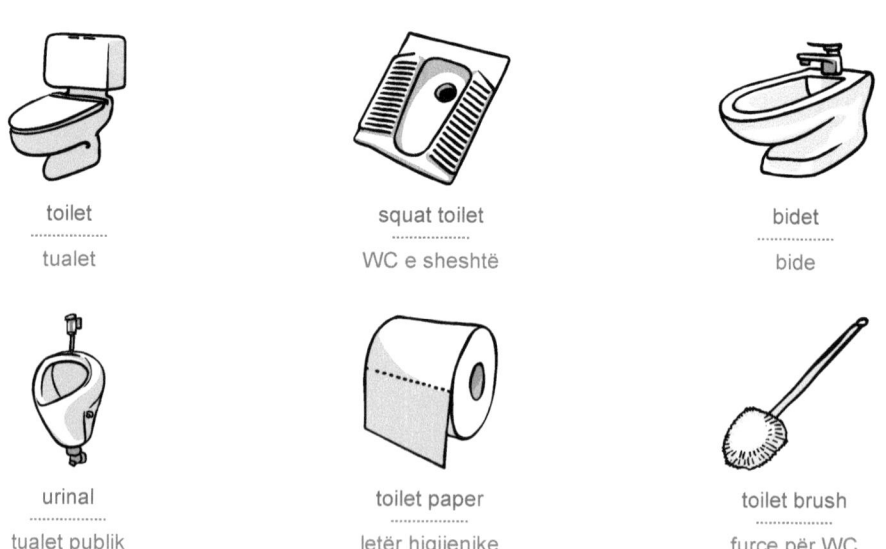

toilet

tualet

squat toilet

WC e sheshtë

bidet

bide

urinal

tualet publik

toilet paper

letër higjienike

toilet brush

furçe për WC

toothbrush

furçë dhëmbësh

toothpaste

pastë dhëmbësh

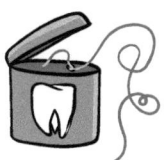

dental floss

fije dentare

wash

laj

handheld shower

dorezë dushi

douche

larës për zonën intime

basin

legen

back brush

furçë për masazh shpine

soap

sapun

shower gel

shampo trupi

shampoo

shampo

flannel

leckë pastruese

drain

kullues

cream

krem

deodorant

antidjersë

mirror

pasqyrë

hand mirror

pasqyrë dore

razor

brisk rroje

shaving foam

shkumë rroje

aftershave

locion pas rrojes

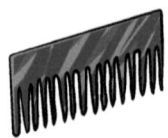

comb

krehër

brush

furçë

hair dryer

tharëse flokësh

hairspray

llak për flokët

makeup

grim

lipstick

buzëkuq

nail varnish

manikyr

cotton wool

mbushje pambuku

nail scissors

gërshërë për thonj

perfume

parfum

washbag

çantë për sendet personale

stool

Stol

weighing scale

peshore

bathrobe

robëdëshambër

rubber gloves

dorashka gome

tampon

tampon

sanitary towel

peceta higjienike

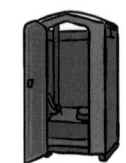

chemical toilet

tualet I lëvizshëm

child's room

dhomë fëmijësh

alarm clock
orë me zile
cuddly toy
lodra me pellushë
toy car
makinë lodër
rattle
rraketake
doll's house
shtëpi kukullash
present
dhuratë

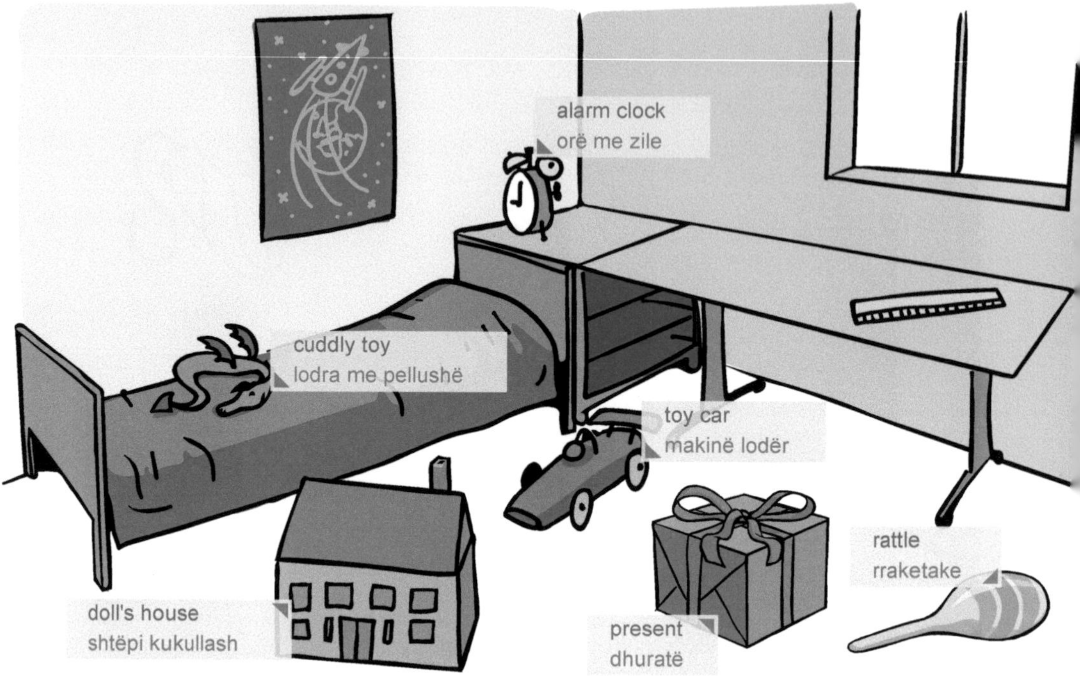

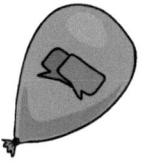

balloon

tollumbace

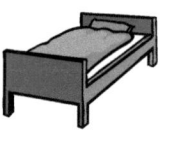

bed

krevat

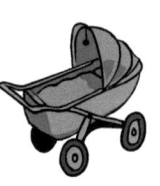

pram

karrocë fëmijësh

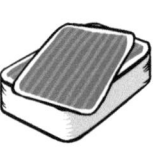

deck of cards

lojë me letra

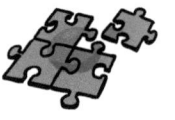

jigsaw

bashkim pjesësh me figura

comic

komik

lego bricks

formuese lodër

building blocks

kuba plastikë

action figure

lodra

babygrow

badi

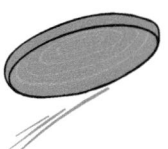

frisbee

frizbi

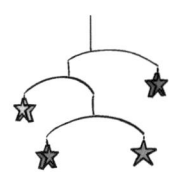

mobile

lodra të varura tek krevati i
fëmijëve

board game

tavolinë lojërash

dice

zare

model train set

model treni

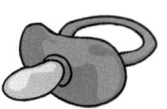

dummy

biberon

party

festë

picture book

libër me ilustrime

ball

top

doll

kukull

play

luaj

sandpit

grumbull rëre

swing

kolovarëse

toys

lodra

video game console

leva për lojra video

tricycle

triçikël

teddy bear

arush prej pellushi

wardrobe

garderobë

clothing

veshje

socks

çorape

stockings

çorape të gjata

tights

geta

scarf
shall

belt
rrip

umbrella
cadër

t-shirt
bluzë pa jakë

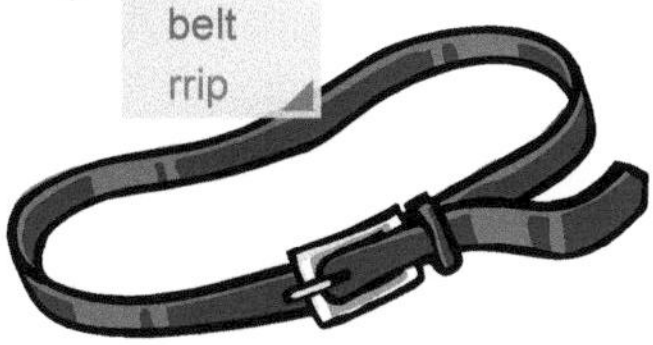

boots
çizme

slippers
pantofla

trainers
atlete

sandals
....
sandale

shoes
....
këpucë

rubber boots
....
çizme llastiku

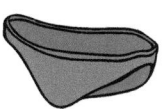

underpants
....
të mbathura

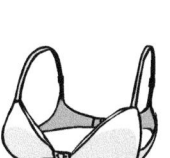

bra
....
reçipeta

vest
....
kanotierë

body

trup

trousers

pantallona

jeans

xhinse

skirt

fund

blouse

bluzë

shirt

këmishë

pullover

pulovër

hoodie

triko

blazer

xhaketë

jacket

xhaketë

coat

pallto

raincoat

mushama shiu

costume

kostum

dress

fustan

wedding dress

fustan nusërie

suit

kostum

nightgown

këmishë nate

pyjamas

pizhama

sari

sari (veshje tradicionale indiane)

headscarf

shami koke

turban

çallmë

burqa

veshje për femrat e besimit musliman

kaftan

kaftan (lloj veshjeje tradicionale)

abaya

ferexhe

swimsuit

kostum banje

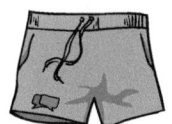

trunks

rroba banje

shorts

pantallona të shkurtra

tracksuit

tuta sporti

apron

përparëse

gloves

dorashka

button

kopsë

glasses

syze

bracelet

byzylyk

necklace

gjerdan

ring

unazë

earring

vath

cap

kapuç

coat hanger

varëse për pallto

hat

kapele

tie

kravatë

zip

zinxhir

helmet

helmetë

braces

tiranda

school uniform

uniformë shkolle

uniform

uniformë

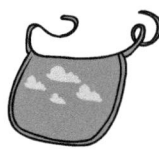

bib

gushore

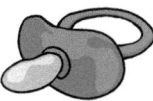

dummy

biberon

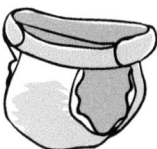

nappy

pelenë

office
zyrë

server
server
filing cabinet
skedar
printer
printer
paper
letër
monitor
ekran
mouse
maus
desk
tavolinë
folder
dosje
keyboard
tastierë
waste-paper basket
kosh letrash
chair
karrige
computer
kompjuter

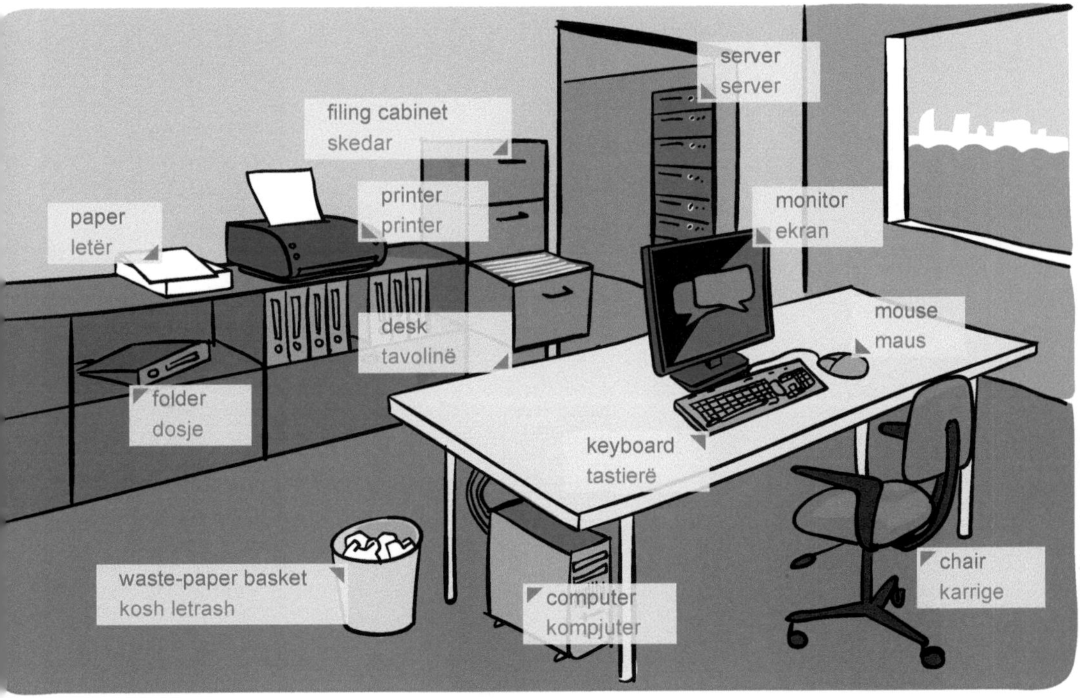

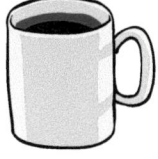

coffee mug

filxhan kafeje

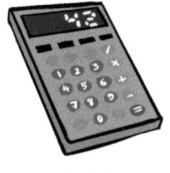

calculator

makinë llogaritëse

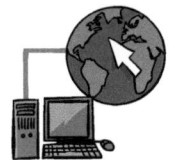

internet

internet

laptop

kompjuter portativ

letter

letër

message

mesazh

mobile

telefon

network

rrjet

photocopier

fotokopje

software

program

telephone

telefon

plug socket

prizë

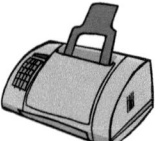

fax machine

pajisje faksi

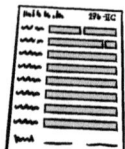

form

formular

document

dokument

50 office - zyrë

buy

blej

pay

paguaj

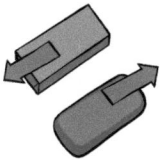

trade

tregtoj

money

para

dollar

dollar

euro

euro

yen

jen

rouble

rubla

Swiss franc

franga zvicerane

renminbi yuan

juani kinez

rupee

rupje

cashpoint

bankomat

bureau de change

pikë këmbimi valutor

gold

ar

silver

argjend

oil

nafta

energy

energji

price

çmim

contract

kontratë

tax

taksë

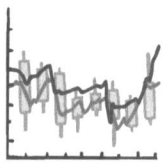

stock

aksione

work

punoj

employee

punonjës

employer

punëdhënës

factory

fabrikë

shop

dyqan

economy - ekonomi

occupations

profesionet

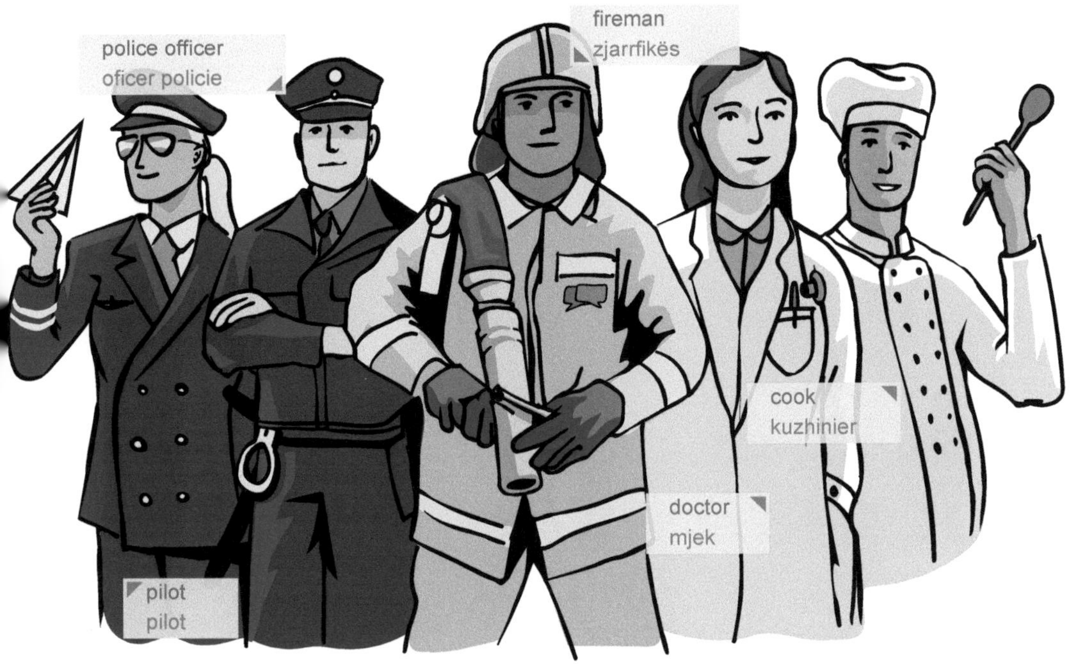
police officer
oficer policie
fireman
zjarrfikës
cook
kuzhinier
doctor
mjek
pilot
pilot

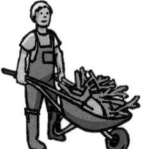

gardener

kopshtar

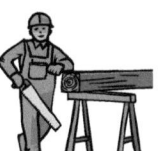

carpenter

marangoz

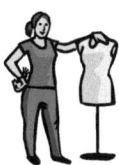

seamstress

rrobaqepëse

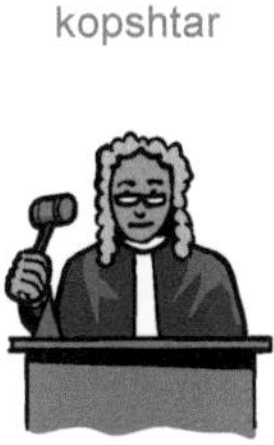

judge

gjykatës

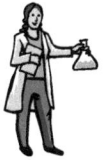

chemist

kimist

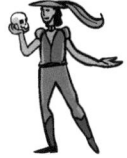

actor

aktor

bus driver

shofer autobuzi

taxi driver

taksist

fisherman

peshkatar

cleaning lady

pastruese

roofer

riparues çatish

waiter

kamarier

hunter

gjuetar

painter

piktor

baker

furrxhi

electrician

elektriçist

builder

ndërtues

engineer

inxhinier

butcher

kasap

plumber

hidraulik

postman

postieri

soldier

ushtar

architect

arkitekt

cashier

arkëtar

florist

luleshitës

hairdresser

berber

conductor

kontrollor

mechanic

mekanik

captain

kapiten

dentist

dentist

scientist

shkencëtar

rabbi

rabin

imam

imam

monk

murg

clergyman

klerik

occupations - profesionet 55

tools
mjete

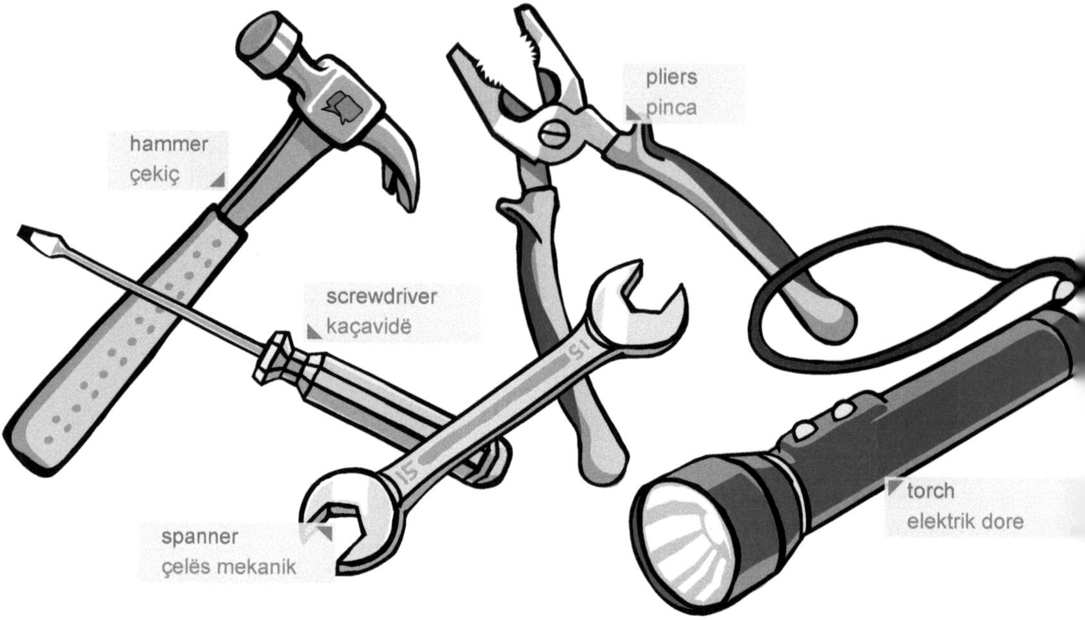
pliers
pinca
hammer
çekiç
screwdriver
kaçavidë
spanner
çelës mekanik
torch
elektrik dore

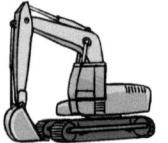

digger

ekskavator

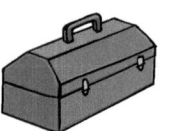

toolbox

kuti veglash

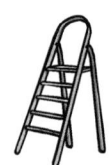

ladder

shkallë

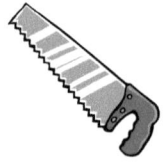

saw

sharrë

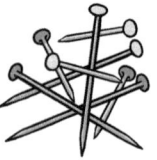

nails

gozhdë

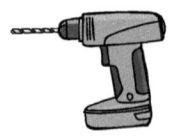

drill

trapan

repair

riparoj

shovel

lopatë

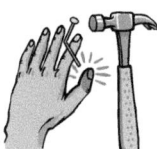

Damn!

Dreq!

dustpan

kaci

paint pot

kuti boje

screws

vidhë

musical instruments
instrumenta muzikorë

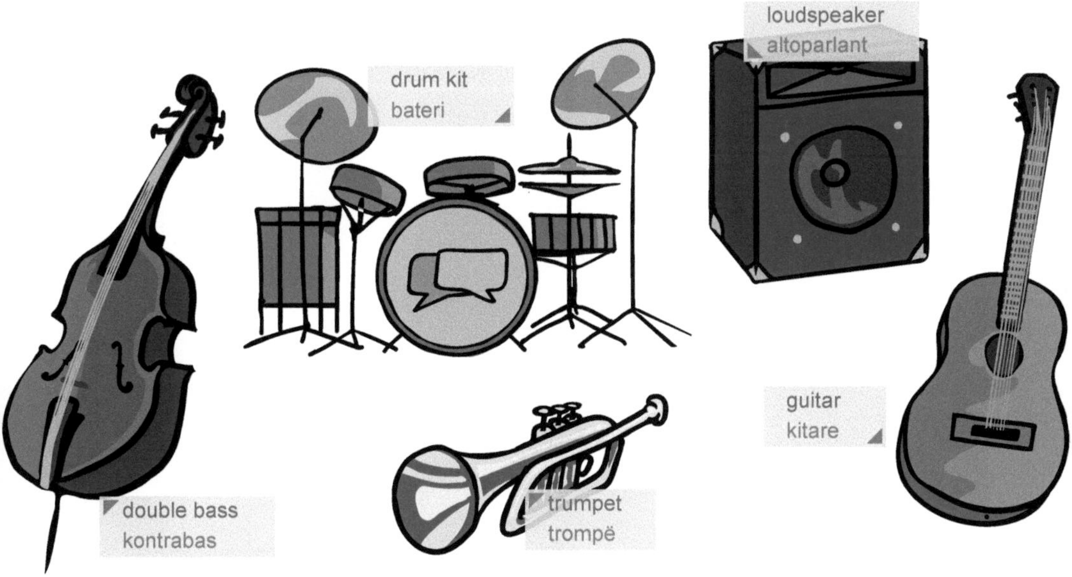

drum kit
bateri

loudspeaker
altoparlant

guitar
kitare

double bass
kontrabas

trumpet
trompë

piano

piano

violin

violinë

bass

bas

timpani

tamburë

drums

daulle

keyboard

tastierë pianoje

saxophone

saksofon

flute

flaut

microphone

mikrofon

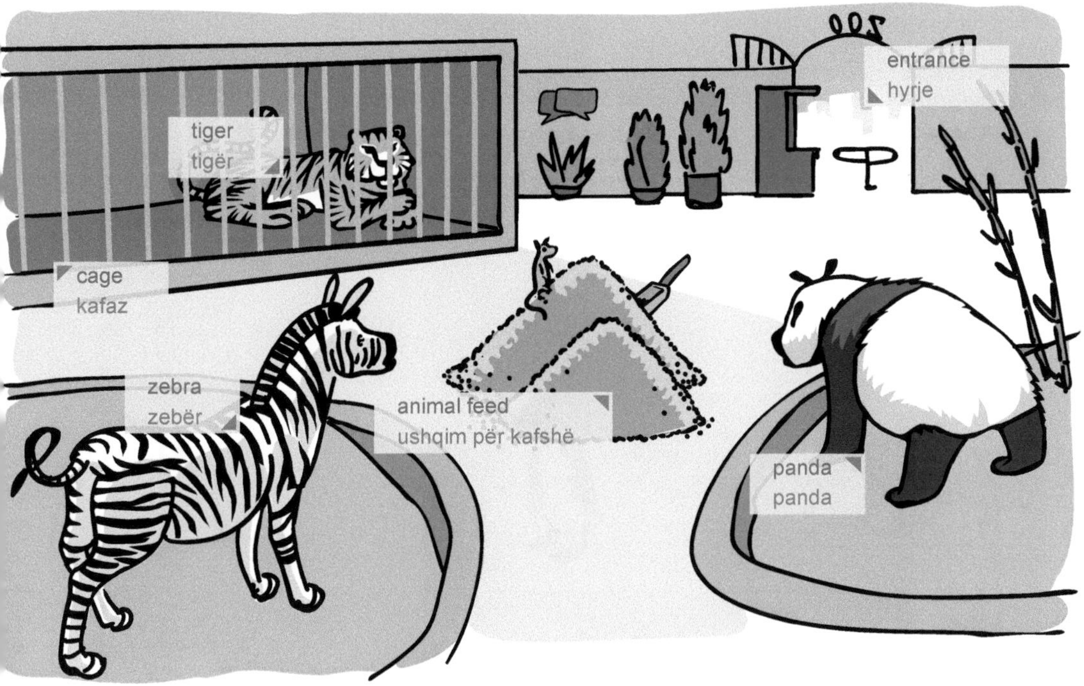

entrance
hyrje

tiger
tigër

cage
kafaz

zebra
zebër

animal feed
ushqim për kafshë

panda
panda

animals

kafshë

elephant

elefant

kangaroo

kangur

rhino

rinoceront

gorilla

gorillë

bear

ari

camel

deve

ostrich

struc

lion

luan

monkey

majmun

flamingo

flamingo

parrot

papagall

polar bear

ari polar

penguin

pinguin

shark

peshkaqen

peacock

pallua

snake

gjarpër

crocodile

krokodil

zookeeper

punonjës i kopshtit zoologjik

seal

fokë

jaguar

xhaguar

zoo - kopsht zoologjik

pony

poni

leopard

leopard

hippo

hipopotam

giraffe

gjirafë

eagle

shqiponjë

boar

derr i egër

fish

peshk

turtle

breshkë

walrus

lopë deti

fox

dhelpër

gazelle

gazelë

American football
futboll amerikan

cycling
çiklizëm

tennis
tenis

basketball
basketboll

swimming
not

boxing
boks

ice hockey
hokej mbi akull

football
futboll

badminton
badminton

athletics
atletikë

handball
hendboll

skiing
ski

polo
polo

jump
hidhem

sing
këndoj

hug
përqafoj

laugh
qesh

walk
eci

dream
ëndërroj

pray
lutem

kiss
puth

write
shkruaj

draw
vizatoj

show
tregoj

push
shtyj

give
jap

take
marr

have

kam

do

bëj

be

jam

stand

qëndroj

run

vrapoj

pull

tërheq

throw

hedh

fall

bie

lie

shtrihem

wait

pres

carry

mbaj

sit

ulem

get dressed

vishem

sleep

fle

wake up

zgjohem

look at

shikoj

cry

qaj

stroke

përkëdhel

comb

kreh

talk

bisedoj

understand

kuptoj

ask

kërkoj

listen

dëgjoj

drink

pi

eat

ha

tidy up

sistemoj

love

dashuroj

cook

gatuaj

drive

drejtoj makinën

fly

fluturoj

activities - aktivitet

sail

lundroj

calculate

llogaris

read

lexoj

learn

mësoj

work

punoj

marry

martohem

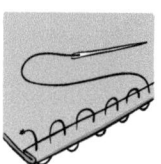

sew

qep

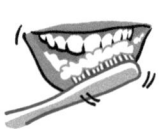

brush teeth

laj dhëmbët

kill

vras

smoke

tymos

send

dërgoj

grandmother
gjyshe

grandfather
gjysh

father
baba

mother
nënë

baby
bebe

daughter
vajzë

son
djalë

guest

mysafir

aunt

teze, hallë

uncle

dajë, xhaxha

brother

vëlla

sister

motër

family - familje

67

body
trupi

forehead
balli
eye
syri
shoulder
shpatulla
finger
gishti
face
fytyra
chin
mjekra
hand
dora
breast
krahërori
leg
këmba
arm
krahu

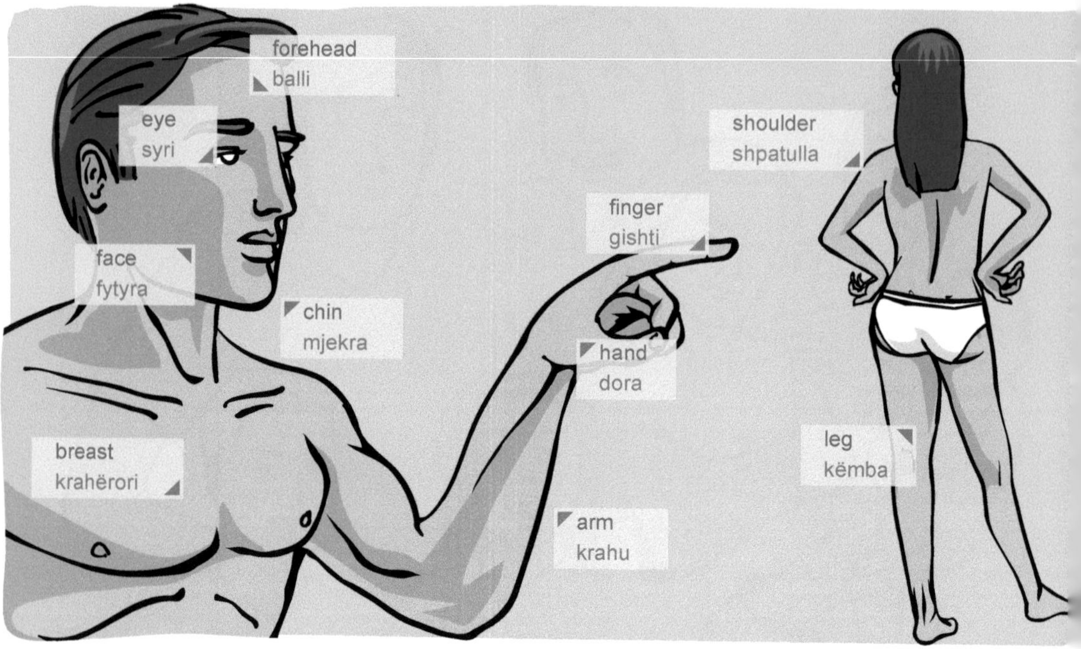

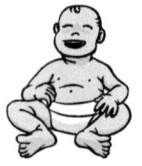

baby

bebe

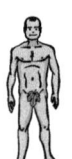

man

burrë

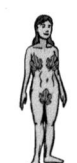

woman

grua

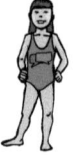

girl

vajzë

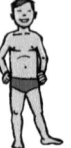

boy

djalë

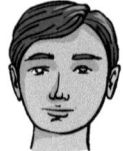

head

koka

back

shpina

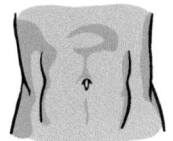

belly

barku

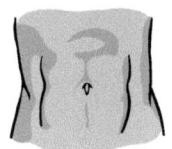

belly button

kërthiza

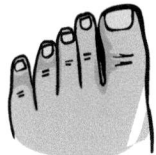

toe

gisht këmbe

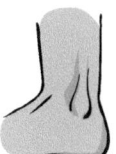

heel

Thembra

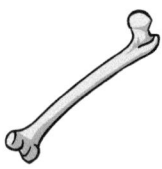

bone

kockë

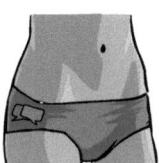

hip

legeni

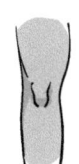

knee

gjuri

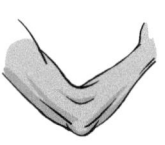

elbow

bërryli

nose

hunda

bottom

vithe

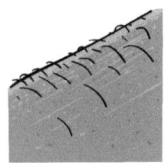

skin

lëkura

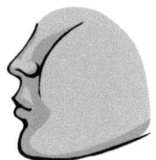

cheek

faqja

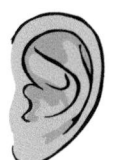

ear

veshi

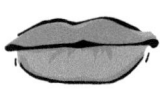

lip

buza

body - trupi

mouth

goja

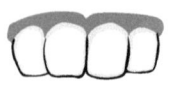

tooth

dhëmbët

tongue

gjuha

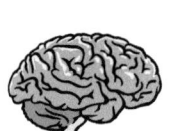

brain

truri

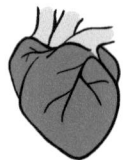

heart

zemra

muscle

muskul

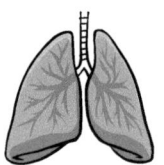

lung

mushkëria

liver

mëlçia

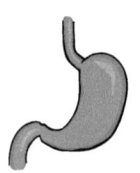

stomach

stomaku

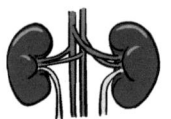

kidneys

veshka

sex

seks

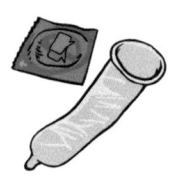

condom

prezervativ

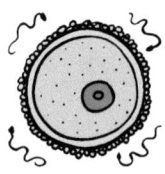

ovum

veza

semen

sperma

pregnancy

shtatëzani

body - trupi

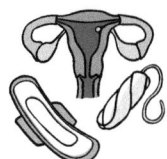

menstruation

menstruacione

vagina

vagina

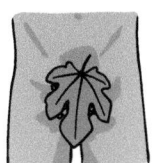

penis

penis

eyebrow

vetulla

hair

flokët

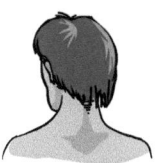

neck

qafa

hospital
spital

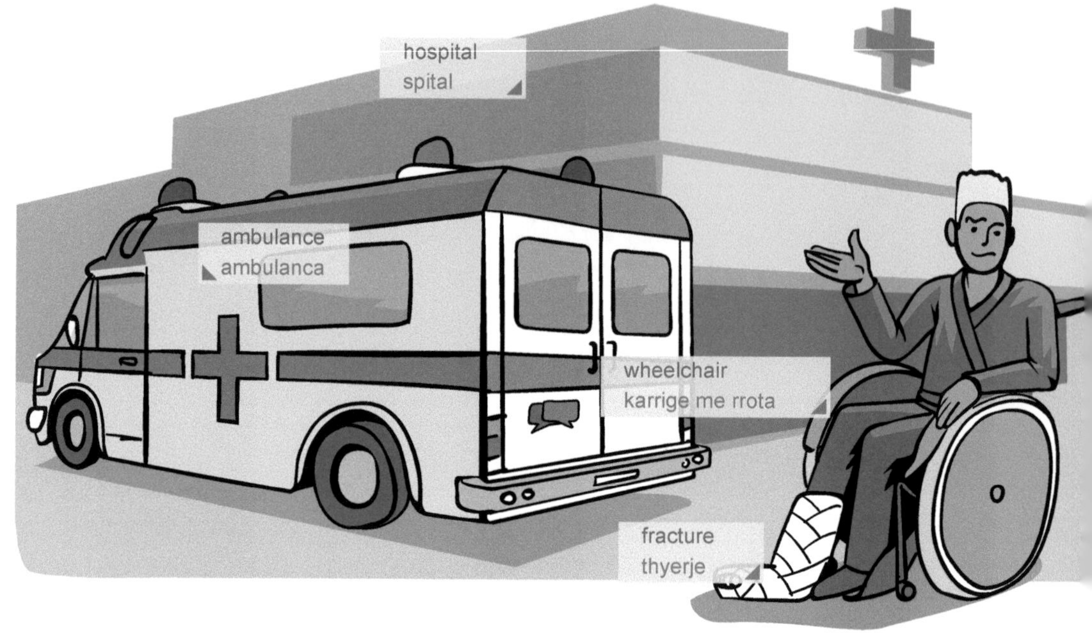

hospital
spital
ambulance
ambulanca
wheelchair
karrige me rrota
fracture
thyerje

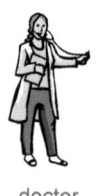

doctor

mjek

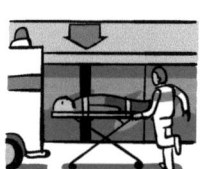

emergency room

sallë urgjencash

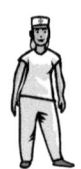

nurse

infermiere

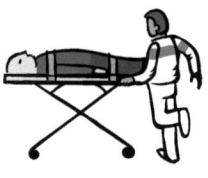

emergency

emergjencë

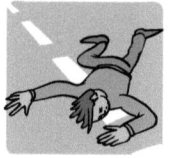

unconscious

i pandërgjegjshëm

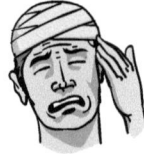

pain

dhimbje

injury

dëmtim

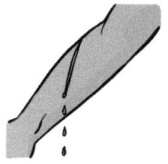

bleeding

gjakosje

heart attack

infarkt

stroke

goditje

allergy

alergji

cough

kolla

fever

ethe

flu

grip

diarrhoea

diarre

headache

dhimbje koke

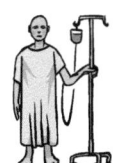

cancer

kancer

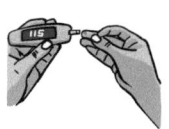

diabetes

diabet

surgeon

kirurg

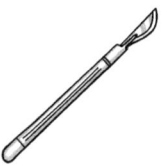

scalpel

bisturi

operation

operacion

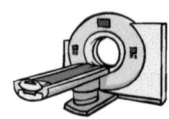

CT

CT (skaner)

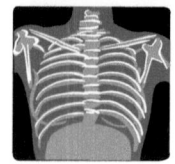

x-ray

radiografi

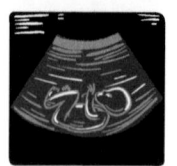

ultrasound

ultratingull

face mask

maskë fytyre

disease

sëmundje

waiting room

dhomë pritjeje

crutch

paterica

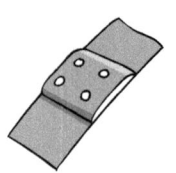

plaster

leukoplast

bandage

fasho

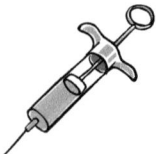

injection

injeksion

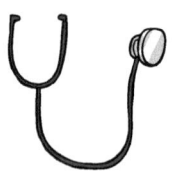

stethoscope

stetoskop

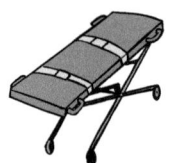

stretcher

barelë

clinical thermometer

termometër

birth

lindje

overweight

mbipeshë

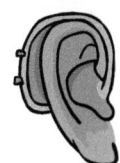

hearing aid

aparat dëgjimi

disinfectant

dezinfektant

infection

infeksion

virus

virus

HIV / AIDS

HIV / AIDS

medicine

mjekësi, mjekim

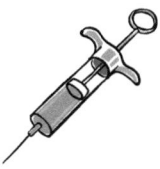

vaccination

vaksinim

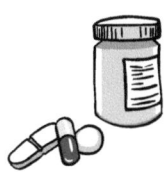

tablets

tableta

pill

pilulë

emergency call

telefonatë emergjence

blood pressure monitor

aparat tensioni

ill / healthy

i sëmurë / i shëndetshëm

Help!
Ndihmë!

alarm
alarm

assault
sulm

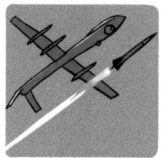

attack
atak

danger
rrezik

emergency exit
dalje emergjence

Fire!
Zjarr!

fire extinguisher
fikëse zjarri

accident
aksident

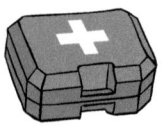

first-aid kit
kuti e ndimës së shpejtë

SOS
SOS

police
policia

Europe

Europa

North America

Amerika e Veriut

South America

Amerika e Jugut

Africa

Afrika

Asia

Azia

Australia

Australia

Atlantic

Atlantiku

Pacific

Paqësori

Indian Ocean

Oqeani Indian

Antarctic Ocean

Oqeani Antarktik

Arctic Ocean

Oqeani Arktik

North Pole

Poli i veriut

South Pole

Poli i Jugut

Antarctica

Antarktida

Earth

toka

land

tokë

sea

det

island

ishull

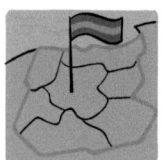

nation

komb

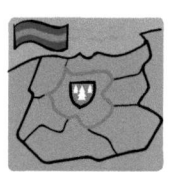

state

shtet

clock face

fusha e orës

hour hand

akrepi i orës

minute hand

akrepi i minutave

second hand

akrepi i sekondave

What time is it?

Sa është ora?

day

ditë

time

kohë

now

tani

digital watch

orë dixhitale

minute

minutë

hour

orë

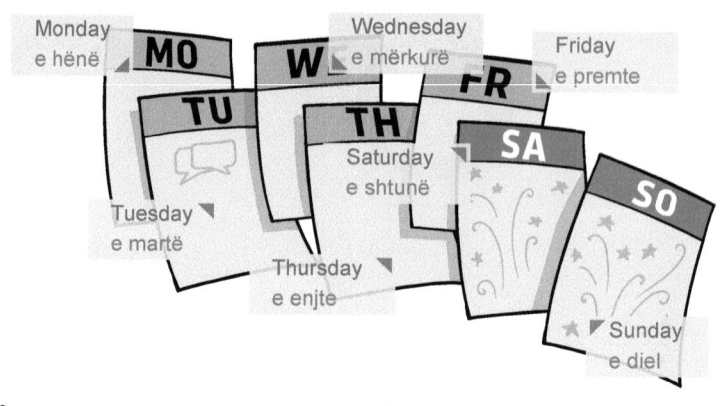

Monday
e hënë

Wednesday
e mërkurë

Friday
e premte

Tuesday
e martë

Saturday
e shtunë

Thursday
e enjte

Sunday
e diel

yesterday

dje

today

sot

tomorrow

nesër

morning

mëngjes

noon

mesditë

evening

mbrëmje

business days

ditë pune

weekend

fundjavë

year
vit

rain
shi
snow
borë
wind
erë
spring
pranverë
autumn
vjeshtë
summer
verë
winter
dimër

4.APRIL 11°
5.APRIL 4°
6.APRIL 13°
7.APRIL 8°
8.APRIL 10°

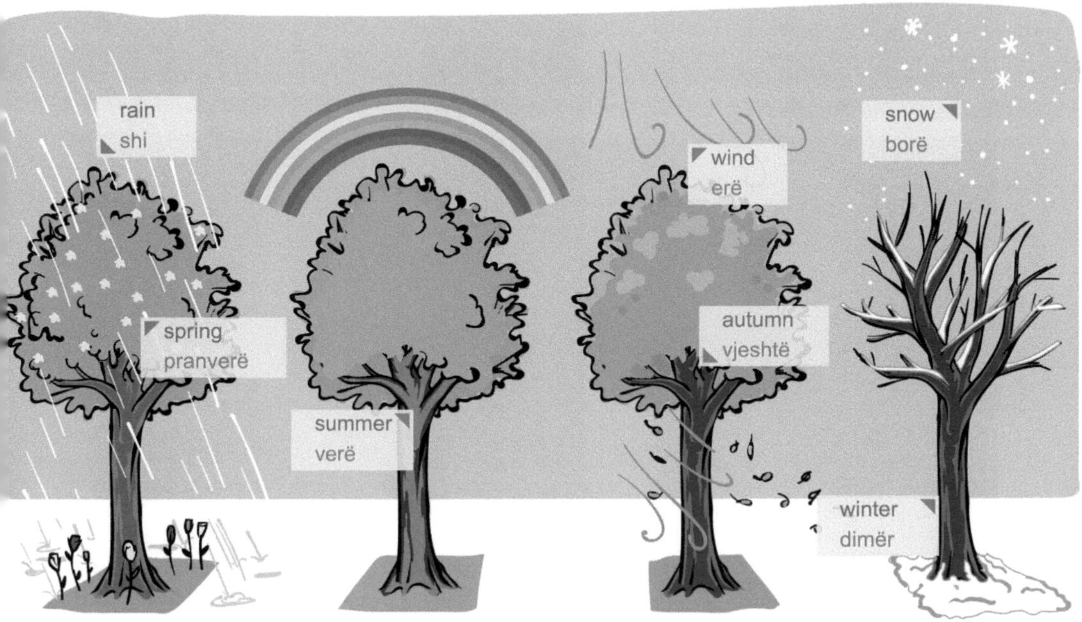

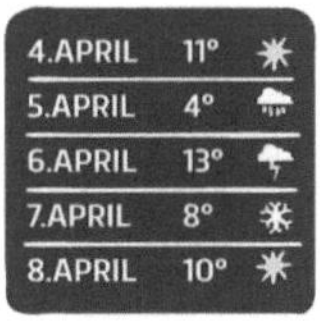

weather forecast

parashikimi i motit

F C
120 40
90 30
60 20
30 10
0 0
-30 -10
-20

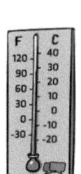

thermometer

termometër

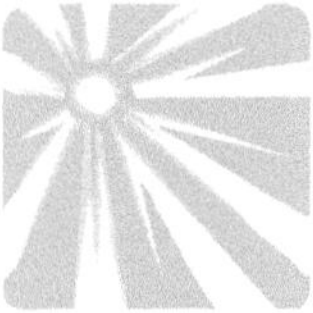

sunshine

ndriçim dielli

cloud

re

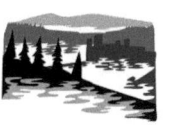

fog

mjegull

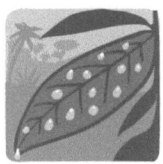

humidity

lagështi

lightning

vetëtima

thunder

gjëmim

storm

stuhi

hail

breshër

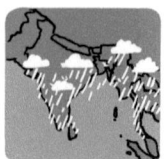

monsoon

muson

flood

përmbytje

ice

akull

January

janar

February

shkurt

March

mars

April

prill

May

maj

June

qershor

July

korrik

August

gusht

September
....
shtator

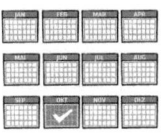

October
....
tetor

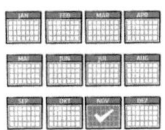

November
....
nëntor

December
....
dhjetor

circle
....
rreth

square
....
katror

rectangle
....
drejtkëndësh

triangle
....
trekëndësh

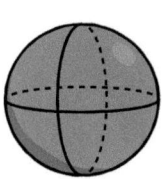

sphere
....
sferë

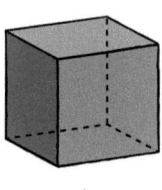

cube
....
kub

white

e bardhë

yellow

e verdhë

orange

portokalli

pink

rozë

red

e kuqe

purple

vjollcë

blue

blu

green

e gjelbër

brown

kafe

grey

gri

black

e zezë

a lot / a little

shumë / pak

angry / calm

i nevrikosur / i qetë

beautiful / ugly

i bukur / i shëmtuar

beginning / end

fillim / fund

big / small

i madh / i vogël

bright / dark

i ndritshëm / i errët

brother / sister

vëlla / motër

clean / dirty

e pastër / e pistë

complete / incomplete

e plotë / jo e plotë

day / night

ditë / natë

dead / alive

gjallë / vdekur

wide / narrow

i gjerë / i ngushtë

edible / inedible

i ngrënshëm / i pangrënshëm

evil / kind

i keq / i këndshëm

excited / bored

i lumtur / i mërzitur

fat / thin

i shëndoshë / i dobët

first / last

e para / e fundit

friend / enemy

mik / armik

full / empty

plot / bosh

hard / soft

e fortë / e butë

heavy / light

e rëndë / e lehtë

hunger / thirst

uri / etje

ill / healthy

i sëmurë / i shëndetshëm

illegal / legal

e paligjshme / e ligjshme

intelligent / stupid

i zgjuar / budalla

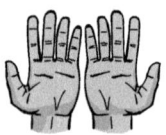

left / right

majtas / djathtas

near / far

afër / larg

new / used
e re / e përdorur

nothing / something
asgjë / diçka

old / young
i moshuar / i ri

on / off
ndezur / fikur

open / closed
hapur / mbyllur

quiet / loud
i qetë / i zhurmshëm

rich / poor
i pasur / i varfër

right / wrong
e drejtë / e gabuar

rough / smooth
i ashpër / i butë

sad / happy
i mërzitur / i lumtur

short / long
i shkurtër / i gjatë

slow / fast
ngadalë / shpejt

wet / dry
i lagësht / i thatë

warm / cool
ngrohtë / freskët

war / peace
luftë / paqe

opposites - të kundërta

numbers

numra

0

zero
zero

1

one
një

2

two
dy

3

three
tre

4

four
katër

5

five
pesë

6

six
gjashtë

7

seven
shtatë

8

eight
tetë

9

nine
nentë

10

ten
dhjetë

11

eleven
njëmbëdhjetë

12

twelve

dymbëdhjetë

13

thirteen

trembëdhjetë

14

fourteen

katërmbëdhjetë

15

fifteen

pesëmbëdhjetë

16

sixteen

gjashtëmbëdhjetë

17

seventeen

shtatëmbëdhjetë

18

eighteen

tetëmbëdhjetë

19

nineteen

nentëmbëdhjetë

20

twenty

njëzetë

100

hundred

qind

1.000

thousand

mijë

1.000.000

million

milion

English
....
anglisht

American English
....
anglishte amerikane

Chinese Mandarin
....
kinezisht mandarin

Hindi
....
hindi

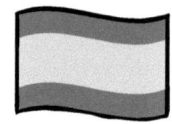

Spanish
....
spanjisht

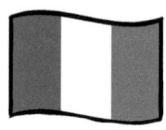

French
....
frëngjisht

Arabic
....
arabisht

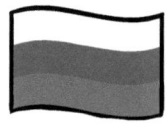

Russian
....
rusisht

Portuguese
....
portugalisht

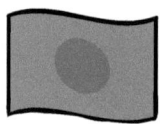

Bengali
....
bengalisht

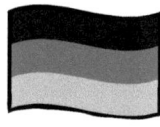

German
....
gjermanisht

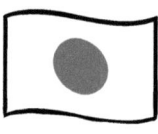

Japanese
....
japonisht

I

unë

you

ti

he / she / it

ai / ajo

we

ne

you

ju

they

ata

who?

kush?

what?

çfarë?

how?

si?

where?

ku?

when?

kur?

name

emër

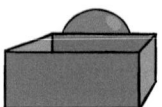

behind

pas

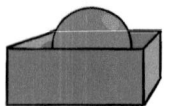

in

në

in front of

përballë

over

sipër

on

mbi

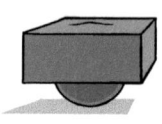

under

poshtë

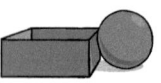

beside

pranë

between

midis

place

vend